KB063458

생명의 강

생명의 강

© 법륜, 2022

개정판 1쇄   2022년 4월 10일
개정판 3쇄   2022년 7월 19일

지은이   법륜
펴낸이   김정숙

기획   이상옥
편집   김옥영

펴낸곳   정토출판
등록   1996년 5월 17일 (제22-1008호)
주소   서울특별시 서초구 효령로51길 7(서초동)
전화   02-587-8991
팩스   02-6442-8993
이메일   book@jungto.org

디자인   동경작업실

ISBN   979-11-87297-38-3 (04150)
            979-11-87297-37-6 (세트)

맑은 마음, 좋은 벗, 깨끗한 땅을 일굽니다.

삶이 조금씩
달라지는 책

생명의 강

법륜 스님
생명과 자연이야기

정토출판

한 방울의 물에도
천지의 은혜가 깃들어 있고
한 톨의 쌀에도
만인의 노고가 스며 있으며
한 올의 실타래 속에도
베 짜는 이의
피땀이 서려 있습니다.

생명을 살리는 생태적 삶

작은 책에 담긴 이 이야기들이 앞만 보고 달려가는 우리들의 시선을 돌릴 수 있는 계기가 되었으면 합니다.

자연이 일으키는 기적을 알지 못하고 보지 못하고 듣지 못하는 동안 발전과 경제의 가치 속에 우리는 우리 눈앞에 벌어지는 결과에만 빠져들고 있는 것 같습니다. 뭇 생명의 소중함을 알고 더불어 현재의 삶과 미래의 삶을 큰 틀에서 볼 수 있는 눈을 가진 작은 생명으로 존재하고 싶습니다.

이 책은 그 동안 법륜 스님께서 많은 사람들과 나누었던 생명에 대한 대화 중에 몇 가지를 가려 뽑아 엮은 것입니다. 많이 갖고 많이 쓰는 것이 행복이라고 여기며 살고 있습니다. 그래서 끊임없이 경쟁하고 투쟁하는 것이 당연하다고 여깁니다. 이러한 것이 당연시되는 사회에서 국가와 국가는 분쟁과 전쟁이 끊이지 않습니다. 지금 내가 가진 것에 만족하고 욕구를 내려놓는 수행자의 삶이 대안이라고 법륜 스님은 늘 말씀해 오셨습니다.

수행자의 삶은 특정 종교를 가진 특별한 사람만이 하는 것이라 말하는 사람도 있습니다. 그러나 지금 여기 깨어 있는 사람, 자신의 말과 행동과 뜻을 알아차리는 것이 수행입니다.

기후위기와 생태위기 속에서 수많은 걱정과 대안들을 내놓고 있습니다. 국가와 기업, 국민들의 역할들을 말합니다. 결국 인간이 해결해야 하는 일입니다. 법과 제도가 없는 것이 문제가 아니라 우리 스스로 뭇 생명과 내가 연결되어 있다는 것을 깨달아야 합니다. 당연하다고 생각했던 모든 것들을 잠시 멈춰서 다르게 바라보면 우리들의 삶이 조금씩 달라지기 시작할 겁니다.

정토출판 편집부

어느 수행자의 서원

지금 우리 인류는 인간성 상실, 공동체 붕괴,

자연환경 파괴라는 중대한 위기에 처해 있다.

이 위기를 극복하기 위해서 우리는 불교의

근본 가르침 속에서 그 해답을 찾고자 한다.

첫째, 연기법을 우리의 세계관으로 삼는다.

'이것이 있으므로 저것이 있고,

이것이 없으면 저것도 없다'는 존재의 상호 연관성이

'존재하는 모든 것들의 있는 그대로의 모습'이다.

'네가 죽으면 나도 죽고 네가 살면 나도 산다.

네가 불행하면 나도 불행하고,

네가 행복하면 나도 행복하다'는

연기적 세계관에 입각하여

함께 살고 함께 행복해지는 이 길을 추구한다.

여러 가지 꽃들이 모여 하나의 화단을 이루듯이

각자의 다양한 개성이 모여 조화와 균형을 이루게 하여

시기와 질투를 뛰어넘어 사랑을,

대립과 경쟁을 뛰어넘어 화합을,

투쟁과 전쟁을 뛰어넘어 평화를 이루는

새로운 문명을 창조하고자 한다.

둘째, 부처님과 보살을 우리 삶의 모범으로 삼는다.

평생을 가사 한 벌과 발우 한 개로 걸식하며 살아가신

부처님의 삶을 본받아 적게 먹고, 적게 입고, 적게 자며

어디에도 구애받지 않고 살아가는

구도자의 자세를 갖는다.

나아가 중생의 아픔을 자신의 아픔으로 여기고

스스로 사바세계와 지옥 속으로 뛰어들어

중생을 구제하시는 대비 관세음보살님과

대원 지장보살님의 원력을 본받아

일체 중생을 구원하는 대승 보살이 되고자 한다.

셋째, 무아·무소유·무아집을 수행의 지표로 삼는다.

정토세계를 이룩하기 위하여

나를 버리고, 내 것을 버리고, 내 고집을 버리고

오직 중생의 요구에 수순하는 보살이 되고자 한다.

그리하여 한 생각 돌이켜 사로잡힘에서 벗어나

괴로움도 없고 얽매임도 없는

대자유인(成佛)이 되고자 한다.

나아가 인류에게 불어닥친 이 위기를 극복하고

행복한 인생(맑은 마음), 평화로운 사회(좋은 벗),

아름다운 자연(깨끗한 땅)을 일구어

살기 좋은 세상 정토淨土를 만들고자 한다.

1.

물 한 방울에 담긴 생명 이야기

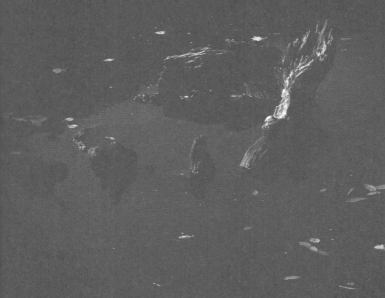

따뜻한 봄날입니다. 자연의 이치가 참
으로 신비해서 땅속에서는 온갖 새싹들이 돋아나고, 나뭇
가지에는 아름다운 꽃들이 피어나고 잎은 점점 더 무성해
집니다. 또한 이들은 햇빛을 받아서 에너지를 응축하고 그
것들이 온갖 유기질을 만들고, 또 우리가 먹을 수 있는 갖
가지 곡식들로 세상을 풍요롭게 합니다. 알게 모르게 이러
한 과정 속에서 우리는 자연의 도움을 받으며 살아가고 있
습니다.

그런데 어린아이들에게 한번 물어보세요. "밥이 어디서 나와?" 하면 "전기밥통!"이라고 대답합니다. 그리고 "물은 어디서 오지?" 하고 물으면 "수도꼭지!"라고 대답합니다. 또 "전기는 어디서 오니?" 하고 물으면 "콘센트!"라고 얘기합니다.

실제로는 보이지 않는 곳에서 얼마나 많은 사람들이 애쓰고 있는지 아이들은 잘 알지 못합니다. 어른이 돼서 자기가 애를 키워보면 작은 것 하나라도 그냥 되는 것이 없다는 이치를 알게 됩니다. 음식도 빨래도 방 청소도 전부 사람 손이 가야 한다는 것을 알게 됩니다.

쌀은 농부의 손길이 필요하고 밥통은 공장의 수많은 노동자들의 손길이 필요합니다. 결국은 이 지구상에 사는 모든 사람들이 다 연관되어 있음을 알 수 있습니다. 쌀 한 톨에도, 실 한 올에도 온갖 사람의 노고가 들어 있습니다. 그러나 어른들도 여기까지밖에는 못 봅니다. 겨우 사람이 하는 일밖에 모르지요. 볍씨를 뿌리고 모를 심고 모내기를 하고

생명의 강

김을 매는 것만 생각합니다.

하늘의 태양이 천지를 비춰 주지 않으면 식물이 자랄 수가 없고, 땅속에 있는 미생물들이 활동을 하지 않으면 식물 또한 자랄 수가 없다는 것을 알지 못합니다. 이런 온갖 것들의 노고를 우리는 잘 알지 못합니다. 우리가 음식을 먹을 때 '한 방울의 물에도 천지의 은혜가 깃들어 있고, 쌀 한 톨 속에도 만민의 노고가 깃들어 있고…' 이렇게 기도하지요? 온갖 사람들의 노고에 의해서 나의 삶이 유지되고 있는 것입니다.

실 한 올 속에도 베 짜는 여인의 피땀이 서려 있듯이 물 한 방울 속에 태양이며 공기며 미생물들의 은혜가 응축되어 있습니다. 자연의 모든 은혜를 물 한 방울의 이름으로 표현한 것이지요.

사람은 어리석어서 제 부모, 제 가족밖에 모릅니다. 이웃을 모릅니다. 좀 안다 해 봐야 제 이웃, 제 지역밖에 모릅니다.

제 공장 노동자, 제 회사밖에 모릅니다. 더 나아가면 제 나라밖에 몰라요. 제 나라밖에 모르면 애국자라고 하지만 그때 남의 나라 사람이 어떤 고통을 겪는지는 모릅니다. 자신을 위한 것이라면 다른 어떤 것도 안중에 없는 것이 우리 인간입니다.

그러나 부처님은 사람뿐만 아니라 다른 동물, 식물들까지도 다 보셨습니다. 그래서 '살인하지 말라'고 하지 않고 '살생하지 말라'고 말씀하셨습니다. '모든 생명을 아끼고 사랑하라'는 것은 바로 내 삶이 이웃에 근거해 있고 나아가서 자연의 뭇 생명에 토대를 두고 있기 때문입니다. 그런데 이걸 알지 못하기 때문에 사람들은 바람이 불고 날씨가 춥거나 더우면 자연이 우리의 생존을 위협한다고 여겨서 자연을 정복하려고 하였습니다. 또 이렇게 하는 것이 발전이라고 생각했습니다.

그러나 부처님은 자연이 우리 삶의 토대이므로 자연과 조화를 이루며 살아야 한다고 말씀하셨습니다. 그래서 항상 소비를 적게 하고 가능하면 자연을 잘 보존하고 이웃을 고려하고 생존을 영위하도록 가르치셨습니다.

그런데 오늘날 현대문명은 많이 생산해서 많이 쓰는 것이 잘 사는 것이라는 가치관에 사로잡혀 있습니다. 유한한 자원을 무한하다고 착각하고 마구 쓰고 있습니다. 자연 자원은 저절로 있는 것이 아니고 수십억 년 지구의 역사 속에서 형성된 것이어서 석유든 석탄이든 유한한 것인데 우리가 이렇게 계속 과다하게 사용하게 되면 결국은 고갈되게 되어 있습니다. 그래서 결국 어떻게 되어 가고 있습니까?

요즘 들어와서 이런 문제로 인해서 석유값이 급격하게 오르고 있지요. 옛날에는 소수의 사람만이 이런 개발 혜택을 누렸는데, 지금은 중국이나 인도 등 지구상에 있는 다수의 사람들이 동일한 길을 가다 보니까 자원의 수요가 엄청나게 늘어났습니다. 한정된 자원을 가지고 서로 쓰려고 하다 보니까 결국은 가격이 오르게 되는 거지요. 가격이 오르다가 한계점에 가면 결국 쟁탈전이 벌어지겠지요. 지금은 돈으로 경쟁을 하지만 일정한 시기가 지나면 자원 전쟁으로 나아갈 수밖에 없습니다.

지금 우리들은 담배나 술에 중독되듯이 소비주의에 중독되어 있습니다. 먹고사는 것, 기본적인 생활을 하는 것이 문제가 아니고 해마다 더 많이 소비를 해야 합니다. 해마다 소비가 늘어나지 않으면 경기가 나쁘다고 아우성을 칩니다. 그래서 소비 속도가 점점 더 가속화됩니다.

이렇게 해서 에너지 자원의 가격이 폭등하고 그러다가 최근 들어서는 철광석 등 온갖 광물 자원이 부족해서 가격이 급등하고, 올해 들어서는 생존에 가장 중요한 식량값이 폭등하고 있는 겁니다. 이런 식의 삶의 방식은 이제 한계에 이르렀습니다. 이것이 이제 점점 밝혀지고 있습니다.

그런데 이것만 문제가 되는 게 아니라 이렇게 과다하게 씀으로 해서 나온 폐기물이 점차 큰 문제가 되고 있습니다. 자동차 배기가스, 음식쓰레기 이런 폐기물이 점점 쌓여서 이제는 이 오염의 부작용이 심각합니다.

또 온실효과로 인한 기온의 상승으로 정체불명의 전염병들이 해가 갈수록 더 창궐할 위험이 있습니다. 요즘도 뉴스에 계속 나오지만 조류 인플루엔자에 걸린 수십만 마리의 닭을 처분하고 있지요. 그런데 여러분들 그런 양계장에 한번 가보셨습니까? 정말 반생명적입니다. 콩나물시루같이 동물을 키웁니다. 닭 공장이에요. 닭들이 스트레스를 엄청나게 받으니까 그런 스트레스가 결국은 독성을 만들고 이런 병을 앓을 수밖에 없어요.

사실 이런 것을 막으려면, 키워서 잡아먹을 때 잡아먹더라도 살아 있는 동안만큼은, 비록 병아리라 하더라도 개나소라 하더라도 생명답게 살 수 있는 환경을 만들어줘야 합니다. 이렇게 동물을 학대하면 언젠가 그 과보를 우리가 다받을 수밖에 없습니다.

우리나라에서 1년에 식량을 2,000만 톤 정도 소비하는데

그중에서 가장 많이 드는 것이 사료입니다. 고기 1킬로그램을 만드는 데 4내지 7킬로그램의 곡류가 필요하니까 완전히 사료로 고기를 만드는 겁니다. 그러니까 고기를 먹는 것이 식량 부족을 불러오는 한 원인이 됩니다. 거기다가 이렇게 가둬 놓고 키우니까 병들 수밖에 없고 그러니 항생제 먹이지요, 성장호르몬제 섞지요, 또 곡류를 가져올 때 썩지 말라고 방부제를 쓰지요. 사실 이런 것을 다 알면 먹을 수가 없습니다.

결국은 그런 것이 다 우리들에게 돌아옵니다. 솔직하게 말하면 지금 우리는 이런 잘못된 삶의 길에 모두 미쳐 있는 것입니다. 그런데 지금 이것을 아무도 제어할 수가 없습니다. 그래서 우리 모두가 살아나려면, 특히 우리 후손들이 이런 봄날 예쁜 꽃도 보고 물에서 노는 물고기도 보고 맑은 공기로 숨 쉬고 깨끗한 음식을 먹을 수 있도록 해주려면, 지금까지 우리가 살아온 삶을 뉘우치고 자연을 더는 파괴하지 말아야 합니다. 그리고 이제는 파괴된 것을 복원해야 합니다. 그러려면 우리 삶의 방식을 바꿔야 합니다.

생명의 강

현재 우리들은 잘못된 삶의 방식에 전부 중독되고 세뇌되어 있기 때문에 도덕성, 평화 같은 것은 안중에도 없고, 그저 경제만 이야기합니다. 그저 경제 논리로만 생각해서 환경이야 어찌되든 말든 경제만 살리면 된다는 쪽으로 세상이 돌아가고 있는 것입니다.

그런 것 중에 하나가 4대강 사업입니다. 이런 일을 하려면 시작하기 전에 많은 검토를 해야 됩니다. 찬반 토론도 많이 해보고 먼 미래까지도 생각하는 관점에서 심사숙고해야 합니다. 식수 오염 문제는 어떻게 해야 하는지, 개발로 인한 환경 파괴는 어떻게 할지 등등 모든 것을 충분한 시간을 가지고 논의하는 신중함이 필요합니다.

우리는 정부의 시책을 무조건 반대하자는 것이 아니라 그들의 견해를 충분히 들어보고자 합니다. 부처님의 가르침으로 보나 환경적 가치로 보나 경제적으로 보나 이것은 옳은 길이 아니라고 생각합니다. 그런데 왜 나서서 반대하지 않느냐 하면 이제는 모든 것을 투쟁적으로 해서는 안 된다고 생각하기 때문입니다. 서로 대화하고 토론해서 그들의 진의를 확인하면서 이 중대한 문제를 같이 풀어가고자 합니다. 4대강 사업 같은 대형 개발 사업은 시작하기 전에 국민들과 충분히 논의한 후에 신중하게 결정해야 된다고 생각합니다.

종교계에서 '생명의 강을 모시는 사람들'이 중심이 되어서 신부님, 목사님, 스님, 교무님들이 한 걸음 한 걸음 한강에서 출발해서 낙동강 하구까지 걷고, 또 영산강과 금강을 걸으면서, 4대강 사업 건설을 단순히 반대하는 것이 아니라 우리가 살고 있는 이 자연이 얼마나 중요한지를 체감하는 기회를 주고 계십니다.

인간 생명만 중요한 것이 아니라 산줄기, 강줄기도 생명이라는 것을 인식하고, 오늘날 우리 인간들의 오만을 반성하고, 그래서 자연과 하나 되어 우리의 문명을 좀 더 오래도록 유지하려면 어떻게 살아야 하는지를 숙고해 보는 계기가 되었으면 합니다. 삶의 질을 소비 수준에만 두지 말고 깨끗한 물, 맑은 공기, 아름다운 자연이 오히려 우리의 삶을 풍요롭게 한다는 것을 인식하고, 자연의 고귀함과 생명의 소중함을 일깨우는 계기가 되었으면 합니다.

또한 지난 시절 경제개발 과정에서 수많은 생명들을 해친 것에 대해 참회하며 그 희생된 뭇 생명들을 천도하고자 합니다. 그리고 잘못된 우리들의 삶에 대해서 깊이 참회하는 시간이 되기를 바랍니다.

2.

희망을 만드는 작은 실천

환경문제의 심각성에 대해서는 다시 말할 필요가 없다고 생각합니다. 옛날에는 환경운동을 하는 몇몇 사람들만이 환경문제에 대한 인식이 있었습니다. 지금은 전 국민적으로 또는 전 세계적으로 환경문제의 심각성을 잘 알고 있습니다.

환경 파괴가 단순히 질병을 일으키거나 건강을 해치는 정도의 문제가 아니라 오존층 파괴, 기상이변 등을 일으키며 지구상의 모든 생명이 공멸할 위기를 불러온다는 것까지도 알고 있습니다.

그런데도 환경문제를 해결할 수 있는 좀 더 적극적이고 획기적인 정책과 삶의 변화는 왜 오지 않을까요? 그것은 아마도 우리가 환경문제를 유발하는 개발에 대해서는 반대하지만, 환경문제를 유발하는 우리 삶의 방식이나 태도를 바꾸려고 하지 않기 때문입니다. 환경운동가들마저도 환경문제를 일으키는 삶의 방식을 바꾸려는 의지가 약한 것이 아닌가 합니다.

지금처럼 환경문제에 대처한다면, 가까운 미래에 인류는 다른 생명들과 더불어 공멸의 길에 빠질 것입니다. 이런 환경문제를 근본적으로 해결하려면 우리들 삶의 태도가 바뀌어야 합니다. 삶의 태도는 가치관이 바뀌어야 바뀔 수 있고, 가치관이 바뀌려면 인생관과 가치관의 기초가 되는 세계관이 바뀌어야 합니다.

이런 것까지 생각해 보면 환경운동은 인류가 지금까지 추구해온 근대문명, 어쩌면 그 이전부터 인류가 추구했던 문명에 대한 근원적인 인식의 전환을 요구하는 것입니다. 그런 측면에서 환경운동은 단순히 여러 시민사회운동 가운데 한 영역이 아니고, 환경이라는 영역에서 한발 더 나아가서 문명 전환 운동, 또는 신문명 운동으로 나아가야 한다고 생각합니다. 이 말은 개발 정책을 입안할 때만 환경적 가치를 중요하게 다룰 것이 아니라, 이제는 인간 사회의 윤리나 사회정의 등과 동등한 가치로 환경 윤리가 다뤄져야 한다는 말입니다.

환경문제를 유발하는 현대문명의 특징을 사람들은 과학기술이라고 말하지만 저는 그렇게 생각하지 않습니다. 현대문명의 특징은 바로 소비주의입니다. 과학기술은 소비주의의 도구에 불과하다고 생각합니다. 그렇기 때문에 우리가 문제로 삼아야 할 것은 과학기술이 아니라 소비주의입니다.

소비주의라는 것은 무엇입니까? 한마디로 말하면 많이 소비하는 것이 잘사는 것이라고 하는 가치관이며 철학입니다. 우리는 지금 소비 수준의 정도에 따라 행복의 척도를 재는 것에 길들여져 있습니다.

그래서 많이 소비하는 것이 잘사는 것이라는 가치관이 팽배해졌고, 대량소비를 위해 대량생산을 할 수밖에 없게 되었습니다. 대량생산을 위해서 여러 가지 과학기술도 개발되고 이용되는 것입니다. 이렇게 인간은 끝없는 성장을 추구하고 있습니다. 그래서 경제성장이 조금이라도 멈추면 국가나 사회나 인간의 삶이 큰 위험에 빠진다는 위기의식을 가지게 되었습니다.

결국 이러한 대량생산은 지구 자원의 고갈과 환경파괴를 불러옵니다. 대량생산은 단순히 자원 고갈의 문제에만 그치는 것이 아니라 대량소비를 불러오고, 대량소비는 결국 대량의 폐기물을 배출하기 때문에 그 부작용으로 심각한 환경오염 문제를 일으키고 있습니다.

생명의 강

생명이 살아가는 데 가장 중요한 것은 첫 번째가 공기, 두 번째가 물, 세 번째가 식품입니다. 그런데 이러한 공기와 물과 식품이 오염된다는 것은 우리의 생존이 위협받게 된다는 것입니다. 즉, 잘 살기 위해 한 우리들의 행동이 결국은 우리들의 삶의 토대를 파괴함으로써 공멸의 위기로 치닫게 하는 것입니다.

예전에는 이런 것들을 자각하지 못해서 그랬다 하더라도 지금은 어느 정도 자각하고 있는데도 왜 개선되지 않을까요? 그것은 우리가 소비에 중독되어 있기 때문입니다. 마약을 하거나 담배를 피울 때 중독 현상이 일어나는 것처럼 말입니다. 처음에는 중독된 줄을 모르다가 일정 시간이 지나면 건강을 파괴한다는 것을 알아도 이미 중독되어 있기 때문에 멈출 수가 없습니다.

이처럼 건강을 해치고 삶의 터전을 파괴한다는 것을 알면서도 멈추지 못한다는 것은 소비에 중독되어 있다고 말할 수밖에 없는 것이지요.

또 소비주의에 세뇌되어 있기 때문에 이 거대한 질주에서 한발 벗어나면 마치 세상으로부터 낙오되는 것 같아서 개인의 삶도, 사회도, 국가도 그 누구도 여기서 벗어나기가 어려운 것입니다.

불교 경전에 이와 비슷한 이야기가 있습니다. 숲 속에 동물들이 평화롭게 살고 있었습니다. 그런데 어느 날 토끼가 도토리나무 아래서 잠을 자다가 갑자기 큰 소리를 듣고 놀랐습니다. 하늘이 무너지고 땅이 꺼지는 듯한 진동을 느끼고 토끼가 놀라서 정신없이 도망을 가고 있는데, 노루가 토끼를 불러서 왜 뛰어가느냐고 물었습니다.

토끼는 "지금 하늘이 무너지고 땅이 꺼진다"고 급히 대답하고선 다시 뛰었고, 노루는 긴가민가하면서 토끼를 따라 뛰었습니다. 토끼와 노루 두 마리가 뛰어가고 있는데, 다른 짐승이 또 묻고, 이렇게 하다가 짐승들이 하나하나 합류되어 수많은 동물들이 함께 달려갑니다. 그렇게 달리다 보니, 다른 동물보다 조금이라도 빨리 뛰어가는 것이 사는 길인

생명의 강

것처럼 느껴져서 서로 빨리 달리려고 속도 경쟁이 붙었습니다.

그러나 숲의 끝에는 낭떠러지가 있는데, 그것을 아무도 알지 못했습니다. 그저 옆에 있는 짐승보다 빨리 달려야겠다는 한 가지 생각만 하고 뛰고 있었습니다. 숲 속의 왕인 사자가 이것을 보고, 길을 막고 큰소리를 쳐서 동물들을 멈추어 세우고 물었습니다.

"어디로 가느냐?" 하고 물으니 서로 얼굴만 쳐다보고 대답을 하지 못합니다.

"소야, 너는 왜 달렸느냐?"

"말이 달려서요."

"말아, 너는 왜 달렸느냐?"

"사슴이 달려서요."

"사슴아, 너는 왜 달렸느냐?"

"노루가 달려서요."

"노루야, 너는 왜 달렸느냐?"

"토끼가 하늘이 무너진다고 해서요."

이렇게 해서 최초로 하늘이 무너지는 소리를 들었다는 토끼에게 묻게 되었습니다. 그리고 토끼가 큰 소리를 들었다는 장소에 가 보았습니다. 숲 속의 작은 나무 한 그루 밑에 도토리 하나가 떨어져 있었습니다. 그 도토리 하나가 토끼의 귓가에 떨어진 것을 알게 되었습니다. 도토리 소리에 놀라 숲 속 짐승들의 질주가 시작되었던 것입니다.

이 우화에서 숲 속의 동물들은 어리석은 중생들을 비유하고 있습니다. 저는 이 경전을 읽을 때마다, 오늘날 소비주의로 치닫고 있는 우리의 삶이 마치 이 동물들의 질주와 같다는 생각을 합니다.

나라마다 서로 앞서거니 뒤서거니 경쟁을 하고, 나라 안에서는 지역마다 기업마다, 또는 개인은 개인대로 이렇게 오직 조금이라도 더 GDP(국내총생산)가 올라가는 것, 조금이라도 더 많이 소비하는 것이 좋다는 데에 완전히 세뇌되어 있다고 봅니다.

생명의 강

특히 한국인들은 지난 40년 가까이 매년 경제가 성장만 하는 것을 경험했기 때문에 한 해가 지나면 당연히 수입이, 소비 수준이, 옷의 개수가, 집 크기가 늘어날 것을 기대합니다. 뭔가가 하나씩 늘지 않으면 초조하고 불안해집니다.

이 숲 속의 동물들이 어떤 경고를 해도 무시하고 오직 질주를 하는 것처럼, 오늘날의 우리들도 이렇게 오직 소비를 향해서 치닫고 있습니다. 그래서 지금 어디까지 왔습니까?

맑은 공기를 다 오염시켜 놓고 비싼 공기 청정기를 집집마다 사고, 공기 청정기가 있는 것이 부러움의 대상이 됩니다. 맑은 물을 다 오염시켜 놓고는 집집마다 정수기를 들여놓습니다. 이미 돈을 주고 물을 사서 먹는 것이 일반화되었습니다. 또 식품을 오염시켜 놓고 무공해 식품을 두세 배 비싼 값에 사서 먹습니다.

요즘은 특히 웰빙이라고 해서, 이렇게 사는 것이 아주 잘사는 사람의 모범처럼 되고 있습니다. 앞으로 오존층이 많이

파괴돼서 자외선이 피부암을 일으키게 되면 그것을 방지하기 위해 모든 사람들이 우주복을 해 입고, 우주복도 더 부드럽고 더 세련되고 더 빛깔 좋고 더 비싼 것으로 입으려고 서로 경쟁하게 될지도 모르겠습니다. 그러면 더 좋은 우주복을 만들기 위해서 더욱더 개발해서 오존층을 더욱더 많이 파괴하게 되겠지요.

오늘날 우리가 공기를 오염시켜 놓고 공기 청정기를 사고, 물을 오염시켜 놓고 정수기를 설치하고, 식품을 오염시켜 놓고 무공해 식품을 구매하는 것처럼, 앞으로는 피부암을 막아 주는 좋은 우주복 사는 것이 우리 후손들의 꿈이 될지도 모를 그런 세상을 지금 우리가 만들어 가고 있습니다.

이렇게 인간은 소비주의에 세뇌되고 중독되어 있습니다. 우리는 소비주의 문명, 어리석음, 거꾸로 된 문명, 이런 삶의 방식에서 벗어나서 새로운 문명을 창조해야 합니다.

그러면 새로운 문명이란 무엇인가? 저는 '생명의 문명'이라

생명의 강

고 생각합니다. 그러면 생명이란 무엇인가? 저는 '생명은 삶'이라고 생각합니다. 그러면 삶은 어디에서 온 말인가? 삶은 '쓰임' 또는 '살림'에서 온 말입니다. 빗자루를 쓰다가 쓸 수 없게 되었을 때 우리는 빗자루가 '명命이 다했다'고 말합니다. 죽음이라는 것은 쓰임새가 없는 것을 말하고, 삶은 쓰임새가 있는 것을 말합니다. 쓰임새가 없는 존재들을 쓰레기라고 말합니다. 쓰레기는 바로 죽음을 말합니다. 그래서 쓰레기가 나오는 삶은 시체를 만들어내는 죽음의 문명이라고 말할 수 있습니다.

그런데 자연의 상태에서는 쓰레기가 없습니다. 모든 것이 서로 쓰입니다. 현대문명은 곧 쓰레기 문명이라고 칭할 수 있는데, 이것은 바로 죽음의 문명이라고 볼 수 있습니다. 그러면 왜 쓰레기가 생기는가 하는 것이 문제입니다.

옛날에도 우리가 다 쓰고 살았는데 쓰레기는 안 나왔습니다. 그런데 왜 요즘은 쓰레기가 한없이 나올까요? 그것은 우리가 잘못 쓰고 있기 때문입니다. 우리가 아이들을 키울 때 두 가지 경우가 있습니다. 어린아이를 보호한다고 아무 것도 시키지 않고 놀게만 하면 이 아이는 나중에 사람으로서 쓸모가 없어집니다.

그런데 어린아이를 어릴 때부터 너무 일만 시키면 제때 배울 기회를 놓쳐서 아이를 망치게 됩니다. 너무 지나치게 쓰여도 죽고, 안 쓰여도 죽는 것입니다. 그래서 우리가 아이들에게 적당한 심부름을 시키는 것은 아이들이 잘 쓰이는 동시에 그것을 통해서 배우는 과정이 됩니다.

그러면 어떻게 해야 하는가? 쓸 때는 살리도록 써야 합니다. 기계나 집이나 물건을 쓰지 않고 가만히 두는 것보다 적당히 잘 쓰면 더 오래 사용할 수 있습니다. 그러면 쓰는 것이 살리는 것이 됩니다.

오용이나 과용은 쓰레기라는 죽음이 발생하게 만듭니다. 쓰레기를 모아둔 곳은 누구든지 싫어합니다. 아무리 아름다운 사람이라도 그 사람이 죽은 뒤에는 아무도 가까이

생명의 강

가려 하지 않습니다. 살아 있을 때 그렇게 좋아하던 부모 자식이나 부부 사이도 마찬가지입니다. 쓰레기를 다 혐오하는 이유는 쓰레기라는 것이 바로 죽은 시체와 같은 것이기 때문입니다.

그래서 우리는 쓰레기를 연구해야 합니다. 쓰레기를 연구하면 현대문명의 오류나 모순을 볼 수 있고, 그래서 쓰레기가 나오지 않게 살면 죽음이 없는 영원한 삶을 살게 됩니다. 그렇기 때문에 이러한 운동은 종교와 별개의 운동이 아니라 바로 종교가 추구하는 진리의 삶과 아주 긴밀하게 일치하는 부분이기도 합니다.

쓰레기가 없는 삶, 영원한 생명을 추구하는 삶으로 나아가려면 '죽이는' 삶을 변화시켜야 하고, 삶을 변화시키려면 가치관이 바뀌어야 합니다. 가치관이 바뀌려면 인생관이, 인생관이 바뀌려면 세계관이 바뀌어야 합니다.

그러려면 '오늘날 우리가 가지고 있는 세계관은 무엇이 문제인가?', '어떤 잘못된 세계관을 가지고 있기에 우리가 이런 인생관, 가치관을 갖게 되었는가?', '오늘 우리들이 갖고 있는 세계관은 모든 존재에 대해서 기본적으로 어떻게 인식하고 있는가?' 등과 같이 자기 성찰의 질문을 던져보아야 합니다.

우리 각자는 하나하나가 모두 독립된 개별적 존재라고 생각합니다. 이 세계는 개별적 존재의 집합이며, 인류사회도 그런 개별적 존재의 집합이라고 생각합니다. 그렇기 때문에 오늘날 구원을 이야기할 때도 개별적 존재들의 구원을 말합니다.

오늘의 사회가 개별적 존재의 집합이기 때문에 마치 홉스가 말한 '만인의, 만인에 대한 투쟁'처럼 이 세상에 사는 모든 존재들은 서로 경쟁하고 투쟁해서 승리하는 것이 살아남는 길이라고 인식합니다. 그래서 이것을 한마디로 정리하여 '내가 살기 위해서 너를 죽여야 한다'는 것을 정당하다고 보는 것입니다.

생명의 강

이것은 고타마 싯다르타가 젊은 시절에 새가 벌레를 잡아먹는 것을 보고, 농부가 채찍으로 때리며 소를 부리는 것을 보고, 관리가 노예를 학대하는 것을 보고 심각하게 문제를 제기했던 것이었습니다.

'왜 하나가 살기 위해서 다른 하나가 죽어야 하며 하나가 행복하기 위해서 왜 다른 하나가 불행해야 하며 하나가 편리하기 위해서 다른 하나가 불편해야 하는가?' '함께 사는 길, 함께 행복해지는 길은 없을까?'

이 문제를 가지고 많은 사람들에게 질문을 했을 때 모든 사람들이 그것은 너무나 당연한 일인데 쓸데없는 생각을 한다고 오히려 나무랐습니다. 그래서 결국은 스스로 탐구할 수밖에 없었습니다.

오늘날 우리가 배우는 학문들도 모두 그 자체에 대해 문제제기는 하지 않고 오히려 그것을 현실로, 진리로 받아들이고 어떻게 하면 살아남는지, 어떻게 하면 승리하는지를 가르칩니다. 어떻게 함께 사느냐를 가르치지 않습니다.

그 때문에 고타마 싯다르타는 하나가 살기 위해 하나를 죽일 수밖에 없는 이러한 삶의 허구를 보고 결국 왕위를 버리고 '함께 살 수 있는 길', '함께 행복해질 수 있는 길'을 찾아서 새로운 길을 찾아 나섰습니다. 이것을 우리는 출가라고 합니다.

우리는 이런 사회를 약육강식 또는 자연도태라고 하고 이것을 바로 생존의 원리라고 말합니다. 이런 생존의 원리는 지배와 피지배를 당연시하고 투쟁을 통해서 승리와 패배가 존재할 수밖에 없는 세상을 합리화합니다. 결국 지지 않고 어떻게 이길 것인가가 우리들의 주 관심사가 된다는 것입니다.

이러한 세계관이 오늘날 우리가 갖고 있는 가치관의 밑뿌리가 되고 있고, 오늘의 모든 종교뿐만 아니라 소위 마르크스주의의 철학까지도 이러한 세계관에 뿌리를 두고 있다고 볼 수 있습니다. 그러면 우리가 지향하는 새로운 세계관은 무엇일까요?

생명의 강

연기적 세계관은 이 세상에 존재하는 모든 존재가 개별 존재의 집합이 아니라 그 존재들이 서로 연관된 하나라는 것입니다. 다섯 개의 손가락이 각각 모양도 다르고 개별적으로 움직이지만 하나의 손바닥에 연결되어 있듯이, 모든 것이 서로 연관되어 있는 하나라는 것입니다.

'이것이 있으면 저것이 있고, 이것이 없으면 저것도 없다'는 것, 내가 살기 위해서는 네가 있어야 한다는 그래서 함께 살고 함께 행복해지는 이것이 세계의 참모습입니다. 이러한 세계관에서는 승패가 문제가 되는 것이 아니라 조화와 균형을 추구합니다. 붓다가 깨달음을 얻었다고 할 때 그 깨달음이란 이러한 존재의 참모습인 연기법을 깨달은 것입니다.

연못을 예로 들면, 햇빛을 받아서 플랑크톤이 살고, 플랑크톤을 먹고 물벌레가 살고, 물벌레를 먹고 개구리가 살고, 개구리를 먹고 뱀이 살고… 이러한 생태 연못에서 개구리의 입장에서만 보면 물벌레는 개구리들에게 주어지는 신의 축복이고 뱀은 개구리들에게는 악마와 같은 존재일 것입니다. 그래서 개구리들은 뱀만 없으면 연못은 천국 같은 곳이 된다고 생각할 것입니다. 그래서 개구리가 어떤 방법으로든 뱀을 다 죽였을 때 일시적으로는 개구리에게 천국이 도래한 것 같지만, 일정한 시기가 지나면 개구리 수는 마구 늘어나고 곧 먹이는 고갈되어 개구리도 전멸하게 됩니다. 그때 개구리는 물벌레만이 자기 삶의 토대가 아니라 뱀도 자신들의 삶을 지속시키는 토대임을 알게 될 것입니다.

그래서 우리는 약육강식, 자연도태의 관점에서 자연을 봐서는 안 됩니다. 우리는 경쟁과 투쟁, 승리와 패배의 가치관이 아니라 조화와 균형이라는 새로운 세계관에 입각하여 삶을 전환해야 합니다.

'쓰레기제로운동'은 죽음이 없는 지속적인 삶을 위한 운동, 즉 생명운동입니다. 우리가 쓰레기 제로라는 목표를 세우고 추진해 보았을 때, 우리의 삶에 결국 무엇이 문제가 되는가를 연구해 보기로 했습니다. 사실 이 실험은 매우 어

생명의 강

려운 문제를 안고 있습니다.

이 실험은 한 개인이 실험했을 때는 데이터를 뽑아내기가
어렵다는 문제가 있습니다. 그래서 이 실험은 단체를 대상
으로 해야 하는데 이런 실험을 하기 좋은 단체는 군대밖에
없다고 저는 생각했습니다. 그런데 군대에서는 강제로 하
게 할 수 있으니 좋은 결과가 나올 수 있을지는 모르나 그
과정에서 자발성이 결여된다는 문제가 있습니다.

그리고 일반 국민에게 군대처럼 강요할 수가 없다는 문제
도 있습니다. 사실 군대도 그렇게 하기 어렵고, 설령 실험을
했다고 하더라도 그것을 기초로 국가정책을 입안할 때는
상당 부분 무리가 따를 것입니다.

그래서 두 번째로 생각한 것이 정토회와 같은 수행 공동체
였습니다. 정토회에서 한번 실험을 할 수 있겠다는 생각에
서 저희들이 쓰레기 제로에 도전하는 실험을 해보았습니
다. 이 실험은 결국 삶의 태도 변화를 요구하기 때문에 참

어렵습니다. 그래서 첫해와 그 이듬해에는 수행 공동체의
대중으로 정토회관에 들어와 살고 있는 약 60명에 한정해
서 실험을 했습니다. 2001년에는 출퇴근하는 자원 활동가
들과 신도 대중, 외부 사람들이 정토회관에 있는 시간만이
라도 동참하도록 했습니다.

2002년에는 정토회 회원들이 각자의 집에서 이 실험을 하
도록 하고, 그렇게 했을 때 어떤 반대에 부딪치고 어떤 문
제가 발생하는지 조사했습니다. 그렇게 해서 지금 여기까
지 왔고, 다음 단계에는 일반 국민에게 다시 실험을 한 뒤
에 국가정책으로 입안이 될 수 있다고 생각했습니다.

이런 실험을 거친 뒤에 국가정책으로 입안될 때는 어떤 과
정에서 어떤 저항에 부딪칠 것인지를 미리 예측할 수 있습
니다. 어떤 것은 시작하자마자 바로 되는 것이 있고, 처음에
는 저항이 있지만 일정한 계몽과 함께 시간이 경과하면 극
복되는 것이 있고, 지속적인 교육이 필요한 것이 있고, 시설
개선이 보완되어야 할 것이 있습니다. 이런 것들을 미리 다

생명의 강

예측해서 정책을 입안할 때만 성공을 할 수 있습니다.

왜냐하면 쓰레기제로운동은 사람의 욕구를 충족시키는 것이 아니라 욕구를 버리도록 하는 것이므로 여론의 반대에 부딪칠 때 계몽과 교육을 통해 설득해 내지 못하면 결국 정책은 후퇴할 수밖에 없기 때문입니다.

제가 처음 쓰레기 없는 삶에 관심을 갖게 된 것은 1989년 어느 절에서 부목으로 일할 때였습니다. 그때 제가 머슴살이를 하면서 선방에서 나오는 쓰레기 치우는 일을 했는데 쓰레기를 처리하면서 깜짝 놀랐습니다. 수박을 반쯤 먹고 버린 것도 있고 빵이나 음식을 버린 것도 있었습니다. 그곳 선방에서 나오는 쓰레기를 보니까 지금 선방에 살고 있는 스님들의 마음을 알 수 있을 것 같았습니다. '아, 이분들이 제대로 수행을 안 하고 있구나.' 왜냐하면 수행을 하는 사람들, 현재에 깨어 있는 사람들에게서 이런 쓰레기가 나올 수가 없기 때문입니다.

아니나 다를까, 결국 그 선방은 한 달 반 만에 분란이 일어나 해산하고 말았습니다. 그럴 때 밖에서 보면 그것이 갑자기 일어난 일처럼 보이지만 저는 그런 일이 일어날 것을 예측할 수 있었습니다. 쓰레기를 보고서 그들이 수행자의 마음 자세가 아니라는 것을 알았기 때문입니다.

저는 이러한 경험을 통해 쓰레기 양을 측정하고 성상을 분석해보면 우리들의 삶의 태도와 방식을 알 수가 있다는 것을 알았습니다. 이렇게 해서 쓰레기제로운동을 시작했습니다.

쓰레기제로운동의 원칙은 적게 소비하는 것입니다. 적게 소비한다는 것은 소비주의(consumerism)에 대한 반대입니다. 현대문명의 핵심이 소비주의이기 때문에 이 소비주의를 극복하지 않고는 현대문명의 한계를 극복하기 어렵다고 저는 생각합니다. 그래서 적게 먹고, 적게 입고, 적게 자고, 의식주를 소박하게 소탈하게 하자는 이야기입니다.

생명의 강

그런데 여기서 중요한 것은 이런 원칙입니다. 첫째, 가능하면 새 것을 적게 사고, 있는 것 쓰기, 둘째, 한 번 사면 끝까지 쓰고 다시 쓰고 나누어 쓰고 바꾸어 쓰고 고쳐 쓰기, 셋째, 더 이상 못쓰게 되었을 때 분리 수거해서 재활용하기, 넷째, 그렇게 해도 남는 것은 결국 생산 안 하기. 이렇게 접근하면 해답을 찾을 수 있지 않을까 생각했습니다.

이 진행 과정에서 여러 가지 어려움이 있었지만 가장 힘든 문제는 인간의 습관을 고치는 것이었습니다. 이것을 고치지 않으면 경쟁에서 뒤처지기 때문에 혹은 건강에 나쁘기 때문에 못 고치는 것이 아니라, 담배에 중독되면 고치기 힘든 것처럼 살아오던 습관 때문에 못 고치는 것이 많았습니다. 즉 첫째는 무지가 문제였고, 둘째는 습관이 문제였습니다. 다시 말하면 알아도 못 고친다는 것입니다.

이제 환경운동은 문명 전환 운동으로 가야 합니다. 우선, 적게 쓰기 운동은 개인에게는 경쟁사회 속에서 욕망을 좇아 헐떡거리지 않아도 되게 해줍니다. 그래서 마음의 평화를 가져오게 되고 이것이 결국 수행입니다.

수행이란, 참선이나 절하기 같은 방법의 문제가 아니라 마음에 헐떡거림이 없는 상태, 즉 마음의 평화를 가져다주는 것입니다. 그러므로 적게 쓰기 운동을 하려면 먼저 물질적 가치만 추구하는 것이 아니라 영성 계발이라는 정신적 가치를 고양시키는 작업이 필요합니다. 또 그렇게 깨쳤다 하더라도 습관을 극복하는 지난한 과정이 필요하고 개인의 습관을 바꾸는 것만이 아니라 제도적, 기술적인 뒷받침도 함께 되어야 합니다.

둘째, 적게 쓴다는 것은 결국은 남는다는 것인데, 남은 것을 이웃과 나눠 써야 합니다. 미래 세대와 나눠 쓰고 지구 저편에 있는 사람과 나누어 쓴다면 인간과 인간의 관계가 대립과 경쟁의 관계가 아니라 좋은 벗의 관계로, 공존과 화합으로 나아갈 수 있습니다. 그렇게 되면 평화로운 사회를 만들 수 있습니다.

생명의 강

셋째, 적게 소비하기 때문에 자연을 적게 파괴하고 환경을 보존할 수 있기 때문에 적게 쓰는 것이 바로 가장 좋은 환경운동입니다. 이런 측면에서 볼 때 적게 쓰기 운동은 개인에게는 수행이 되고 사회적으로는 사회정의와 평화를 실현하고 환경적으로는 자연을 보존하게 됩니다. 그런 측면에서 수행과 사회정의, 환경운동은 하나로 통일이 됩니다.

여기서 중요한 것은 이러한 운동의 핵심은 자발성이라는 것입니다. 자의냐 타의냐에 따라 큰 차이점을 가지고 옵니다. 스스로 적게 쓰면 검소하다고 하고, 타의로 적게 쓰는 것은 가난이라고 합니다. 자기가 스스로 자기를 낮추면 겸손하다고 하고, 타의로 자기를 낮추면 비굴하다고 합니다.

일하고 스스로 돈을 받지 않으면 봉사이고, 받지 못하면 강제노역이라고 합니다. 남녀의 관계도 똑같습니다. 한 남자와 한 여자가 아무것도 주고받지 않으면 사랑을 나누었다고 하고, 돈을 주고받으면 성 매매를 했다고 합니다. 돈을 주고 일하는 것은 놀이라 하고, 돈을 받고 일하면 노동이라 합니다. 목숨도 스스로 세상을 위해서 버리면 순교라고 하고 타의에 의해 버려지면 살해되었다고 하고, 스스로 재물을 주면 보시라고 하고 타의에 의해 주면 강탈이라고 합니다.

그러니까 똑같은 행동이라도 자발적으로 할 때에는 그것이 얼마나 위대한 행위가 되는지를 알아야 합니다. 그러므로 자발적으로 적게 쓰고 자기를 낮추고 대가 없이 사는 것이 바로 성인聖人이 되는 길입니다. 그런데 이것이 타의에 의해서 된다면 이 세상에서 가장 억압받는 사람이 되는 것입니다.

그러므로 노동시간을 줄이고 임금을 많이 받는 것이 아니라 노동이 놀이가 되게 하는 것이 노동해방이라고 봅니다. 저희는 이렇게 세상을 아름답게 바꾸어 가는 운동과, 자신이 진정으로 행복해지는 수행이 둘이 아니라는 관점에서, 즉 일과 수행의 통일이라는 관점에서 새로운 문명의 비전을 바라보고 있습니다.

생명의 강

쓰레기 대란이라는 문제가 앞으로 다가오고 있는데, 정토회관에서는 예전에 비해 20분의 1 정도로 쓰레기가 줄었습니다. 정토회 대중은 서울의 도심인 서초구에 살고 있는데, 1년 정도 쓰레기를 수거해 가지 않는다 해도 우리들이 사는 공간에 쓰레기를 충분히 보관할 수 있습니다. 물기가 있는 음식물 쓰레기는 밖으로 전혀 배출되지 않고 지렁이를 통해 100% 퇴비화하고 있습니다.

그동안 서울 시민들은 이제껏 쓰레기를 경기도에 버리고 살았지만, 앞으로 서울시 쓰레기는 서울시 내에서 처리해야 합니다. 그러면 서울시의 어느 구에 쓰레기 처리 시설을 세워야 하고 각 구가 다 싫어하면 각 구마다 쓰레기 처리 시설을 세워야 하고, 각 구는 어느 동 앞에 세워야 하지만 그 동마다 다 싫어하면 각 동마다 쓰레기 처리 시설을 세워야 하는데, 집집마다 자기 집 앞에 세우는 것을 싫어한다면 결국 쓰레기는 갈 데가 없어져서 각자의 집에서 처리를 하든지 아니면 각자의 집에서 쓰레기가 나오지 않게 할 수밖에 없다고 봅니다. 앞으로는 쓰레기 처리 비용이 부담

스러워서 물건을 못 사는 시대가 올지도 모릅니다.

인류가 안고 있는 이 문제 해결에 조그마한 실마리라도 제공할 수 있다면, 정토회가 세상에 큰 기여를 한 것이라고 봅니다. 이런 관점에서 쓰레기제로운동에 적극적인 의미를 부여하고자 합니다.

이러한 정토회의 노력이, 특히 보통 사람들이 실행한 쓰레기제로운동이 시민단체, 국가기관에 잘 수용되어서, 우리나라가 인류 문명에 희망을 주는 대안을 제시하는 나라가 되어 인류에게 오래도록 기억되는 나라가 되었으면 합니다.

생명의 강

3.

인생의 주인이 되는 나눔과 비움

'지구를 아름답게 가꾸자. 그리고 우리의 건강도 보살피자. 그리고 어려운 이웃을 돕자. 또 자원도 절약하자.' 이런 일석사조의 목표를 가지고 정토회에서는 2004년부터 빈그릇운동을 전개했습니다. 우리들이 정말 열심히 노력해서 백만 명 이상이 음식을 남기지 않겠다는 서약에 서명했습니다.

처음에 저희들이 음식물쓰레기 남기지 않는 운동을 환경단체에 제안했을 때 많은 환경단체들이 '그게 운동이 될까?' 하는 의구심을 가졌습니다. 그러나 우리가 환경을 아름답게 가꾸는 운동을 할 때, 거창한 운동만이 그런 목표를 달성하는 것은 아닙니다. 힘센 포클레인이 지구를 살리는 게 아니라 사실은 땅속에 살고 있는 지렁이가 지구를 살리는 것처럼, 큰 공사를 막는 것만 세상을 바꾸는 것이 아니라, 음식을 남기지 않고 쓰레기를 버리지 않는 작은 실천이 모이고 모여서 세상을 바꿉니다.

그래서 저희들은 세상이 외면하고 환경단체들이 망설이는 이 운동을 시작해서 많은 사람들의 열렬한 호응을 얻었습니다. 특히 미래 사회의 주인이 될 어린 학생들이 적극적으로 동참하게 함으로써, 음식물쓰레기를 남기지 않는 데 머무는 것이 아니라 자연환경을 소중하게 여기는 마음가짐을 가지는 계기를 마련해 주었다는 점에서 큰 성과가 있었다고 생각합니다.

"음식 소중한 줄 알아라. 아껴 써라. 버리지 마라. 이게 다 뭇 중생의 은혜다"라고 어린아이들에게 아무리 설명하고 가르쳐도 아이들이 그것을 잘 받아들이지 않습니다. 그래서 요즘 애들 문제다, 애를 하나밖에 안 낳아서 부모가 멋대로 내버려둬서 그렇다, 먹을 것이 너무 풍성해서 저런다 하고 아이들을 나무랍니다.

아이들에게 뭔가 명령하고 훈련시킨다고 이 문제가 해결되는 건 아닙니다. 아이들이 행하지 않는 이유를 우리가 충분히 알지 못하기 때문에 해결이 되지 않습니다. 이 한 방울의 물이, 이 한 톨의 쌀이, 한 올의 실이 어떤 과정을 거쳐서 지금 나에게 이르렀는지, 얼마나 많은 사람들의 노력이 거기에 깃들어 있는지 알면, 저 태양과 별과 공기와 물과 보이지 않는 미생물들, 지렁이나 곤충들 같은 자연의 한량없는 노고에 의해서 만들어지는 과정을 소상하게 알게 되면, '아, 참 귀하구나, 소중하구나, 아껴 써야 되겠다. 은혜에 감사해야겠다' 하는 마음이 저절로 일어납니다.

또 내가 버린 음식이 자연환경에 어떤 영향을 주는지, 어떻게 자연을 파괴하는지, 내가 버린 이 쓰레기가 어떤 과정을 거쳐 처리되는지 자세히 알게 되면 함부로 버리지 말아야 한다는 것을 알게 됩니다.

그런데 음식 찌꺼기가 어떤 과정을 거쳐서 퇴비로 전환되며 퇴비가 어떻게 자연의 원리에 따라서 풀이 되고 나무가 되고 과실, 곡식이 되어서 우리에게 돌아오는지 그 과정을 아이들이 알게 될 때, 이 세상 만물이 각각 떨어진 독립된 존재가 아니라 이렇게 연결되어 있고 순환하는 이치를 눈으로 보고 귀로 듣고 손으로 만지고 체험하게 될 때 그 아이들은 불교를 알지 못한다 하더라도 불교의 이치를 이해하게 됩니다.

그러면 인생살이에서도 사장과 노동자가 어떻게 서로 연관되어 있고 소비자와 생산자가 어떻게 연관되어 있고 부모와 자식이 아내와 남편이 어떻게 서로 연관되어 있느냐, 어떻게 할 때 인간관계에 갈등이 생기느냐 하는 것을 살필 수 있게 됩니다. 어떻게 할 때 이 물건이 쓰레기가 되느냐, 이 물건이 어디에 놓일 때 거름이 되느냐 하는 것은 인간

생명의 강

관계에서 어떤 관계를 맺을 때 상생의 관계가 되느냐 하는 것과 무관하지 않습니다.

이렇게 살펴 들어가면 자기 수행이라는 것과 세상을 아름답게 바꾸는 운동이 결코 다른 원리에 의해서 이루어지는 게 아니라는 것을 알 수 있습니다.

물리학에서 물질과 물질 사이에 작용하는 인력 작용이나 전기장이나 자기장의 운동 작용이 서로 다른 사람에 의해 발견되어서 각각 다른 법칙에 따라 이루어지는 것 같지만 더 깊이 들어가 보면 동일한 원리에 의해서 이루어진다는 것을 알 수 있습니다.

그와 마찬가지로 개인이 행복해지는 수행, 인간관계가 화목해지고 사회가 평화로워지는 것, 그리고 자연이 잘 보존되는 것이 각각 별개의 것으로 여겨지고 있고 서로 다른 개인이나 단체에 의해서 운동이 진행되고 있는데, 사실 그 것은 동일한 법칙에 의해서 이루어지는 것입니다.

이렇게 하면 수행 따로, 환경운동 따로, 구호 활동 따로, 평화운동 따로 진행되는 것이 아니라, 우리 삶에서 그것이 하나로 통일되어 있다는 걸 체험하게 됩니다. 우리 자신을 행복하고 자유롭게 하는 수행과, 우리가 살고 있는 이 세상을 평화롭게 하는 사회운동과, 자연을 아름답게 보전하는 생태환경운동이 모두 하나입니다.

그래서 빈그릇운동은 첫째는 환경을 살리는 환경운동이고, 둘째는 남기지 않는 것으로 지구촌의 먹지 못하는 사람들과 나누는 나눔 운동이고, 셋째는 남기지 않음으로 해서 낭비를 줄일 수 있는 절약 운동입니다. 또 요즘 많은 사람들이 관심을 가지는 건강을 지키는 운동도 됩니다. 나를 위하는 것과 남을 위하는 것이 둘이 아니라는, 나에게도 이롭고 남에게도 이로운 자리이타自利利他 원리, 상구보리上求菩提 하화중생下化衆生하는 보살 사상을 빈그릇운동을 통해 체험할 수 있었을 것입니다.

수행이 종교인들만의 전유물이 아니고 인생살이에 지친 모든 중생에게 좋은 약이 되는 것처럼, 이 사회를 변화시키는

생명의 강

것도 지식인, 선각자만의 전유물이 아니고 이 땅에 살아가는 사람들이 문제를 해결하는 주인이 되어야 합니다.

그렇기 때문에 정토회 자원활동가들이 학교에 가서 아이들에게 이 빈그릇운동의 원리나 실천 방법을 자신 있게 설명하고 모범을 보인 것은 매우 큰 의미가 있습니다. 전문적으로 아이들을 가르치는 선생님보다 일반인이 강의할 때 더 큰 설득력을 가질 수 있습니다. 그래서 아이들, 군인들, 학교 선생님들, 구청이나 시청에 가서도 당당하게 떳떳하게 편안하게, 마음이 위축되지도 않고 교만하지도 않고 비굴해지지도 않고 정말 당당하게 얘기할 수가 있었던 것입니다.

많은 지식을 습득하고 강의 훈련을 받아서 강의하는 게 아니라 자기가 사는 삶에 충실할 때, 자기 사는 이야기를 진솔하게 하고 나눌 때, 듣는 사람에게 감동으로 다가가고 아이들에게 교육 효과가 있게 됩니다.

정토회에서는 그동안 음식을 남기지 않고 쓰레기가 적게 나오는 생활을 20여 년 이상 실천해 왔기 때문에, 또 모여서 수행할 때 늘 그런 실천을 해왔기 때문에 여러분의 이야기가 설득력을 가질 수 있었던 것입니다. 처음에는 약간 불편하지만 해보니까 오히려 간소하고 좋다는 것을 직접 체험했기 때문에 여러분이 특별한 지식 없이도 자신 있게 말할 수 있는 것입니다.

빈그릇운동의 첫 번째 성과는 국민운동으로서 국민의 먹는 습관에 변화를 가져다준다는 것입니다. 먹는 걸 잘 먹어야 행위도 올바르게 나옵니다. 먹는 걸 제대로 하지 않기 때문에 먹고서 생긴 에너지가 살생이나 폭력에, 남의 물건을 뺏거나 훔치는 데, 삿된 음행하는 데, 거짓말하고 욕설하는 데 사용됩니다. 한쪽에는 너무 많이 먹어서 비만 때문에 건강을 해치고 다른 쪽에서는 영양실조로 건강을 해치는 불균형이 나타나고 있습니다. 먹는 것을 제대로 하지 않아서 그렇습니다. 음식을 잘 먹으면 약이 되고 못 먹으면 독이 됩니다.

생명의 강

먹기를 올바르게 하면 먹고 난 뒤에 쓰이는 에너지가 세상을 맑고 아름답게 가꾸는 데 쓰이게 됩니다. 죽어가는 생명을 살리는 데 쓰이고 가난한 사람을 돕고 다른 이를 기쁘게 하고 남을 위로하고 진실을 말하는 데 쓰입니다. 나도 해치고 남도 해치는 데 쓰이는 게 아니라 나도 이롭고 남도 이로운 데 쓰입니다. 그러므로 먹는 습관, 버리는 습관을 바꾸어서 자연의 이치에 맞도록 자연에 사는 생명들처럼 그렇게 넘치지 않게 먹고 부족하지 않게 운동한다면, 그리고 한발 더 나아가서 어려운 사람을 돕는 데 사용한다면 참으로 사람답다고 할 수 있을 것입니다.

옛날에는 우리가 가난했기 때문에 먹을 것이 부족해서 음식을 남기지 않았습니다. 어른들은 먹을 것이 부족할 때 자랐기 때문에 음식 귀한 줄을 알고 그런 습관 때문에 지금도 음식을 남기지 않습니다. 그러나 먹을 것이 없어서 옷에 묻은 밥풀까지 뜯어 먹는 가난은 청빈이 아니라 극빈입니다.

그런 가난 속에서 살다가 음식이 풍부해지면 어떻게 되겠습니까. 음식을 버리게 됩니다. 없어서 어쩔 수 없이 형성된 습관은 풍요로워진 뒤에는 유지되지 못합니다.

그러나 충분히 있는데도 음식을 남기지 않고 버리지 않는다는 것은 어떤 사상, 이념에서 나오는 것입니다. 가난한 사람을 생각하거나 환경을 생각하거나 뭔가 자기 이외의 다른 것을 생각해서, 먹을 것이 많은데도 버리지 않습니다. 충분히 먹을 수 있는데도 과식하지 않기 때문에 건강해지고 남는 것을 배고픈 사람을 생각해서 나누어 가지기 때문에 자비심이 생깁니다. 음식의 소중함을 알기 때문에 은혜를 아는 사람이 됩니다.

그래서 가진 것이 없어서 쓰레기를 만들지 않는 가난한 나라 사람들은 남을 해치지 않는다고 할 수는 있지만 남에게 이익을 주는 데까지는 가지 못한다고 할 수 있습니다. 그러나 충분히 있는데도 절약해서 쓰고 다른 사람에게 베푼다면 이것은 남까지도 이롭게 하는 가난입니다. 이것은 나쁜

생명의 강

가난이 아니라 좋은 가난이에요. 그렇게 사는 것은 청빈한 삶이라고 하지요.

적게 먹음으로 해서 우선 자신을 건강하게 하고 남는 것을 나눠 가짐으로 해서 타인을 이롭게 하고 자원을 절약함으로 해서 미래 세대가 쓸 것을 남겨주는 것입니다. 이것은 밥 한 숟가락 덜 먹느냐 더 먹느냐 하는 것에 불과한 것 같지만 밥 한 숟가락 덜 먹는 것이 바로 부처님의 길을 함께 하는 것입니다.

도道는 자연의 이치입니다. 야외에서 오줌을 눌 때 작은 풀 위에 누면 풀을 죽이게 되고 큰 나무 옆에 누면 나무를 잘 자라게 하는 거름이 됩니다. 어디에 오줌을 내려놓느냐에 따라 거름이 되기도 하고 독이 되기도 하지요. 그와 마찬 가지로 음식을 먹을 때 한 숟갈의 밥이 배고픈 사람에게 갈 때는 살리는 길이 되고 넘치는 사람에게 갈 때는 독이 됩니다. 바로 여기에 진리가 있고 길이 있습니다. 그러므로 오늘날 과소비 상태에 있는 나라, 그 속에 사는 사람들은 소비를 줄여야 합니다. 부족한 상태에 사는 수많은 사람들에게 자원이 돌아가야 합니다. 그럴 때 인류사회는 평화로워지고 지구환경은 잘 보존될 수 있습니다.

더 많이 소비하는 것이 잘 사는 것이라고 보고 인간의 행복을 GDP 수치로만 측정하려 하는 우리들의 삶이 영원히 지속될 수 없다는 것은 미래학자가 아니라도 누구나 알 수 있습니다. 어느 정도 지나가면 결국은 자원 고갈, 심각한 공해, 기상 이변, 그 속에서 살아남기 위한 극심한 경쟁, 그래서 결국은 공멸로 가는 이런 길이 이미 예정되어 있습니다. 많은 미래학자들이 경고하고 있고 많은 환경운동가들이 개선을 요구하고 있습니다.

그러나 그렇게 미래를 경고하고 환경운동을 하는 사람들마저도 이런 구조 속에서 이미 형성된 자기 삶의 태도는 바꾸지 않습니다. 저 앞에 낭떠러지가 있다고 아무리 경고를 한다 해도 휩쓸려 가는 우리의 발길을 멈추지 않는 한은, 아는 사람이나 모르는 사람이나 낭떠러지에 떨어질 수밖에 없습니다. 옛날에는 낭떠러지가 있는 줄 몰라서 거기에 낭떠러지가 있다고 경고하는 선각자들의 목소리가 중요했습니다. 그러나 이제는 거기 낭떠러지 있다는 것을 상당히 많은 사람들이 알고 있습니다. 그러나 달려가는 속도를 줄이지도 멈추지도 못하고 있습니다.

지금 우리가 해야 할 일은 우선 이 속도를 줄이고 두 번째 낭떠러지가 나타나기 전에 멈추는 것입니다. 그것은 한두 사람의 문제가 아니라 지구상에 살고 있는 79억이나 되는 모든 사람들의 문제예요. 오늘 우리들은 이 속도를 줄이고, 더 나아가서는 발걸음을 멈추는 그런 삶을 보여줘야 합니다. 그런 삶의 모델을 만들어야 합니다.

없어서 적게 쓰는 가난한 나라들의 삶이 우리의 모델이라고 얘기해서는 아무도 거기에 귀 기울이지 않습니다. 한 벌의 옷만 가지고 음식은 남의 집에서 빌어먹고 나무 밑이나 숲속에서 사는 것이 붓다의 삶이었습니다. 그 형식만 보면, 제3세계의 수많은 가난한 사람들은 거의 다 부처님처럼 살고 있어요. 집은 비를 피하는 움막이고 옷은 한 벌밖에 걸치지 않고 식사도 매 끼니 겨우겨우 먹는 수준이니까요. 그렇다고 그들이 위대한 수행자는 아니지 않습니까. 그들은 없어서 못 먹는 것이고 부처님은 왕자였는데도 안락한 삶을 버렸던 것입니다. 그들은 갖고 싶어서 안달이고 서로 가지려고 다투고 괴로워하므로 불쌍한 존재지만 부처님과 제자들은 대중이 부러워하는 당당한 삶을 사셨습니다. 그런 모습을 보고 부자도 집을 버리고 높은 지위를 가진 사람도 지위를 버리고 젊은이들도 집을 떠나서 그렇게 부처님의 길을 따랐습니다.

그처럼 오늘 우리들이 충분히 쓸 수 있는 조건에 살고 있으면서도 적게 먹고 적게 입고 모든 물자를 적게 쓰고 남는 것을 다른 사람과 나누어 쓰고 미래 세대를 위해서 비축해 둔다면 이것은 부처님의 가셨던 길 수행자의 길이라고 말할 수 있습니다.

과소비하는 사람을 보고 부러워하지 않고 권력을 휘두르

는 사람을 부러워하지 않고 잘난 척하는 사람을 부러워하지 않는 마음을 우리가 갖추지 않고서는 이 운동은 경쟁력이 없습니다. 즉 문명의 전환을 이룰 수가 없습니다. 다른 사람들이 보고 '저렇게 청빈하게 사는 게 좋아 보인다, 나도 저렇게 되고 싶다' 할 때만이, 지금의 소수가 나중에 다수가 될 수 있습니다.

가장 중요한 것은 여러분이 행복한 것입니다. 가난하게 사는 것이 불쌍하게 궁색하게 보이면 사람들이 여러분을 칭찬할지는 몰라도 자기도 따라하고 싶다고 느끼지는 않습니다. 그러니 여러분이 당당해야 합니다. 당당하려면 먹는 것, 입는 것 등 생활에 구애받지 않는 수행자로서 사는 삶의 태도를 가져야 하고 진리에 대한 깨달음을 체험해야 합니다.

그런 것들이 체험되지 않고 지식으로만 알아서 남에게 얘기하면 사람들이 듣고 감동하기보다는 "너나 잘 해라" 하는 식으로 말합니다. 여러분이 학교에 가서 또는 길거리에

서 캠페인을 벌이고 강의를 할 때 왜 많은 사람들이 호응
했을까요? 체험에서 우러나는 얘기가 아니면 감동시키지
못합니다. 똑같은 말을 그대로 베껴서 해도 대중을 감동시
키기가 어렵습니다. 설령 한번 감동시켰다 하더라도 그것
을 지속시키기가 어렵습니다.

우리도 아직은 부족하지만 그래도 음식을 남기지 않는 것
을 집에서나 정토회에서 실천하고 있고 또 여러분이 수행
을 하기 때문에 이 운동이 성공할 수 있었습니다. 빈그릇
교육을 하고 서약을 받겠다고 학교에 찾아갔는데 선생님
들이 반대하고 거절하면 기분이 나쁘지요. 그러나 금방 마
음을 돌이켜서 다시 이야기할 수 있는 것은 여러분이 수행
을 한 덕분입니다. 선생님으로서는 그럴 수도 있겠다 하고
돌이키는 힘이 있고, 또 얘기할 때 아주 소탈하게 하기 때
문에 결국 많은 선생님들의 동의를 받을 수 있었을 것입니
다. 대개 사람들이 거절당하면 기분이 나빠지고 상대를 비
난하게 됩니다. 이렇게 비난하는 마음이 생기면 상대도 기
분이 나빠지고 이성적으로 판단해야 된다고 생각해도 감

생명의 강

정적으로 거부 반응이 일어나기 때문에 거절하게 되지요.

이 운동의 성공을 가져온 것은 바로 수행의 힘입니다. 수행이 사람을 감동시키고 이 감동이 기적을 만듭니다. 역사 속에 나오는 많은 기적들을 한번 살펴보세요. 부처님이 직접 와서, 하나님이 직접 와서 기적을 이루어줬다는 이야기는 없습니다. 직접 다가온 건 언제나 사람이에요. 기도를 해서 영험을 얻었다 할 때 실제로 다가온 건 사람이에요.

그걸 우리가 부처님이 시켜서, 하느님이 시켜서 그랬다고 해석하지요. 그러면 사람이 다가온다는 건 무슨 얘기일까요. 그 사람이 감동을 했다는 것이죠. 감동하기 전에는 보통 사람이었는데 감동하면 신이 됩니다. 손가락에 낀 반지도 빼서 주고 아까운 재물도 보시하고. 이게 보통 마음에서는 일어날 수 없는 일입니다. 감동을 하게 되면 이런 보살행이 나오게 됩니다. 사람을 감동시켰기 때문에 이런 기적이 일어난 겁니다.

빈그릇운동 백만인 서명운동을 하면서 여러분들이 정말로 자기 인생의 주인이고 역사의 주인이고 세계의 주인이라는 것을 보여주었습니다. 하나밖에 없는 지구를 먼 미래의 우리 후손들까지 평화롭게 살 수 있도록 남겨주는 것도 우리 몫이고, 지금 지구상에 살고 있는 79억 인구 중에 고통받고 사는 사람들을 구제하는 것도 우리 몫이고, 어리석은 자를 깨우치는 것도 우리 몫이고 북한의 굶주리는 동포를 구제하는 것, 한반도에 통일, 평화를 가져오는 것도, 오늘 우리 사회의 여러 갈등을 해소하는 것도 우리들의 몫입니다. 정치인, 기업가들의 몫이 아니라 내 일입니다.

내 일이기 때문에 내 돈 내고 가고, 내가 가진 기술, 지식, 능력을 쏟아 부어서 해결하고자 하는 것입니다. 왜 돈도 안 받고 그렇게 열심히 하느냐 하는 사람도 있을 것입니다. 그것은 손이 발을 열심히 씻어주고 돈 내라는 것과 같습니다. 돈도 안 주는데 손이 왜 발을 씻기냐 하는 것과 같습니다. 그러니까 우리가 하는 운동은 내 일이라고 생각해야 합니다.

그래서 내 돈 내서 내 노력으로 하는 것이고 정부가 도와주면 고맙습니다 하고, 기관이 도와주면 고맙습니다, 다른 단체가 참여해줘도 고맙습니다 하는 이런 마음으로 해야 합니다. 그래야 우리가 이 일을 할 때 기쁨이 있습니다.

그런데 빈그릇운동을 정토회의 전유물이라고 생각하면 안 됩니다. 부처님은 항상, 지은 공덕을 중생에게 회향하라고 하셨습니다. 우리 성과를 환경부에, 다른 단체에 돌려줘야 합니다. 그래야 다음 단계에 더 힘을 모아서 함께할 수 있습니다. 처음에는 37퍼센트의 학교에서 빈그릇 교육을 했다는데, 앞으로 전국 모든 학교, 군대가 동참할 수 있도록, 각 집단이 동참할 수 있도록 정토회만이 아니라 각 단체, 각 종교가 자기 이름으로 자기가 주체가 되어서 확산시킬 수 있도록 해야 할 것입니다. 앞으로 천만 명이 동참하게 되어도, 정토회 이름은 빛나지 않고 세상이 바뀌는 방향으로 조용히 운동해 나갑시다.

4.

깨달음, 조화로운 삶과 생명 이야기

'깨달음'이라는 말은 너무 추상적으로 생각하거나 너무 크게 의미를 부여하지 않아야 합니다. 우리의 일상 속에서 어떻게 깨어 있느냐 하는 문제입니다.

아침에 일어나서 장사를 하든, 직장에 출근을 하든, 가족들과 함께 생활을 하든, 하루하루 이런 일상을 사는 사람들이 어떻게 좀 더 자유로운 삶을 살 수 있을까요?

자유로운 삶을 살기 위해서는 두 가지 문제를 알아야 합니다. 하나는 '나의 문제'이고, 다른 하나는 나와 관계를 맺고 있는 '다른 사람의 문제'입니다. 먼저, 내가 지금 어떻게 살고 있는가 한번 살펴보세요. 남편 때문에, 아내 때문에, 자식 때문에, 부모 때문에, 이런저런 이유로 번뇌가 많고 괴로움이 많습니다.

그렇지 않으면 돈이나 지위 등 사회적 관계 때문에 스트레스를 받고 있습니다. 이런 조건 속에서 어떻게 내 마음을 항상 맑게 가질 수 있을까요?

붓다는 우리의 괴로움이 나쁜 행동 때문이 아니라 어리석은 행동 때문에 일어난다고 가르쳤습니다. 누구도 어리석은 행동을 하고 싶은 사람은 없습니다. 그러나 누구나 지나 놓고 보면 자신의 행동이 어리석었음을 발견하게 됩니다. 이것은 우리가 알고 있는 것이 잘못됐기 때문에 생기는 것입니다. 우리 눈에 보이는 것, 우리 귀에 들리는 것, 우리가 알고 있는 것이 진실이 아니기 때문입니다.

생명의 강

저는 이것을 '인식 상의 오류'라고 표현합니다. 내가 눈으로 보고, 귀로 듣고, 코로 냄새 맡고, 혀로 맛보고, 몸으로 감촉하고, 머리로 생각해서 '아! 이거다'라고 인식한 것은 사실은 그 실체와는 다른 것입니다.

그래서 인식 상의 오류가 발생하면, 먼저 감정이 흥분하게 됩니다. 화가 나거나 탐욕이 일어나서 그 감정에 휩쓸려서 행동하게 됩니다. 그러나 이 인식 상의 오류가 시정되면 감정은 가라앉고 금방 평정심으로 돌아가게 됩니다. 그러므로 감정을 어떻게 다스릴 것인가에 초점을 둘 것이 아니라, 지금 어떤 인식 상의 오류가 생겼느냐를 알아야 합니다. 이것을 선불교에서는 이렇게 표현합니다.

'개는 던져진 흙덩이를 쫓는데, 사자는 던지는 사람을 쫓는다.'

개가 흙덩이를 쫓는다는 것은 드러난 현상에 따라서 문제를 푼다는 것을 뜻합니다. 사자가 사람을 쫓는다는 것은 본질을 꿰뚫어서 문제를 푼다는 뜻입니다. 흙을 던지는 사람을 공격하면 모든 것이 멈추게 되기 때문입니다.

깜깜한 곳에서 행동할 때를 생각해 보세요. 아무것도 아는 것이 없으니까, 내가 찾고 싶은 것을 찾을 수도 없고, 넘어질 수도 있습니다. 그러나 불을 밝히면 물건이 어디 있는지 금방 알 수 있고, 필요한 것을 금방 찾을 수 있습니다. 그것처럼 인식 상의 오류가 바로잡히면 탐욕, 성냄, 어리석음이 저절로 사라지게 됩니다.

잘못된 인식은 시간과 공간의 한계 때문에 생깁니다. 우리는 너무 멀리 떨어져 있는 것을 알 수가 없고, 너무 큰 것을 알 수가 없고, 너무 긴 시간의 변화도 알 수가 없습니다. 반대로 너무 작은 것도 알 수가 없고, 너무 짧은 시간의 변화도 알 수가 없습니다.

오늘날은 여러 가지 기계를 이용해서 우주도 알 수 있고, 미세한 원자 세계도 알 수 있지만, 인간이 인식할 수 있는 이런 시공간적인 한계 때문에 사실을 잘못 인식하는 경우가 많습니다. 그래서 여러 오해가 발생하는데 이것을 부처님은 장님이 코끼리를 만지는 것에 비유하기도 했습니다.

또 이러한 인식 상의 오류는 상대적으로 인식한 것을 객관적으로 인식했다고 착각하기 때문에 생깁니다. 여기 물컵과 물병이 있습니다. 이 물컵은 물병보다 작아요. 이 물컵이 작다는 것은 상대적인 인식입니다. 만약 이 물컵을 뚜껑과 비교한다면 크다고 할 수 있습니다. 그래서 이 물컵이 작다는 것은 객관적인 사실이 아니라 주관적인 인식입니다. 오랫동안 이 조건 속에서 물컵을 인식하다 보면, 이 물컵은 작은 것이 되어버립니다. 이 물컵이 객관적으로 작은 것이라고 착각을 하게 됩니다.

이런 인식 상의 오류로 인해서 우리는 '차이'를 '차별'로 잘못 알게 됩니다. 사람은 각자 살아온 환경이 서로 다르기 때문에 물컵과 물병 사이에서 물컵을 인식한 사람은 늘 물컵이 작다고 인식하게 되고, 뚜껑과 물컵 사이에서 물컵을 인식한 사람은 늘 물컵이 크다고 인식하게 됩니다. 이렇게 다른 환경에서 자랐기 때문에 한 사람은 물컵이 작다고 주장하고, 한 사람은 물컵이 크다고 주장하면서 서로 갈등을 하게 되는 겁니다.

자기 경험 속에 갇혀 있는 사람은 상대가 왜 작은 것을 크다고 하고, 왜 큰 것을 작다고 하는지 이해하기가 어렵습니다. 그러나 객관적 존재는 본래 크지도 않고 작지도 않습니다. 사람이 그것을 인식할 때의 조건 속에서 크다 작다고 인식하는 겁니다.

대승불교(Mahayanist Buddhism)에서는 이것을 철학적인 표현으로 '공空'이라고 합니다. 아무것도 없다는 뜻이 아니라 '이 물컵은 큰 것도 아니고 작은 것도 아니다'라는 뜻이에요. 선불교(Zen Buddhism)에서는 이것을 '다만 그것일 뿐이다'라고 말합니다. 근본불교(Theravada Buddhism)에서는 이것을 '연기緣起되어 있는 것이지 실체가 없는 무아無我이다'라고 말합니다. 선불교·대승불교·근본불교 모두 근본적인

생명의 강

차이는 없고 용어가 다를 뿐입니다. 올바르게 인식하면 우리 괴로움은 저절로 사라집니다. 진리라는 것이 별도로 있는 것이 아닙니다. 사실을 사실대로 아는 것이 진리입니다.

그래서 붓다는 '연기를 보는 자, 나를 본다'라고 표현했습니다. 진실을 보면 고통이 사라집니다. 이것을 교리적으로 지식적으로 이해한다고 고통이 사라지는 것은 아닙니다. 직접 경험을 해야 합니다. 그래서 '즉문즉설'은 연기, 무아, 무상을 직접 체험하여 고뇌에서 벗어나게 합니다.

남편이 술을 많이 마셔서 고민이라고 묻는 사람이 있었습니다. 이분의 질문 속에는 이미 두 가지가 전제되어 있습니다. 첫째는 남편이 술을 안 먹었으면 좋겠다는 것이고, 둘째는 남편이 술을 안 먹을 수 있게 제가 도와주기를 원한다는 것입니다. 그런데 나는 그것을 도와줄 수 없습니다. 내가 만약 그것을 도와줄 수 있는 능력이 있다면, 미국의 트럼프 대통령이나 북한 김정은의 생각부터 먼저 바꿨을 것입니다. 그래서 이렇게 답변합니다.

"저는 남편을 바꿀 능력이 없으니까 남편을 고치고 싶으면 다른 데 가서 물어보세요."

그런데 그 사람이 나에게 찾아와서 묻는 이유는, 어떤 방식으로든 스스로 남편을 고칠 수 없었기 때문입니다. 그렇다고 남편과 헤어질 수도 없었기 때문입니다. 그런 이유 때문에 질문한 분은 지금까지 괴로워하면서 살아온 겁니다. 남편이 술을 먹지 않았으면 좋겠다는 것이 이 아내가 원하는 것입니다. 그런데 이 세상은 우리가 원하는 대로 다 될 수가 없습니다.

그래서 제가 다시 묻습니다.
"이 남자와 헤어질 수 없다면, 괴로워하면서 같이 살래요? 괴롭지 않으면서 같이 살래요?"
이 여성은 괴롭지 않게 살고 싶다고 대답했습니다. 그렇다면 나의 대답은 간단합니다.
"남편이 술을 먹어도 괜찮다고 당신의 생각을 바꾸세요."
그러면 의아해 하며 다시 질문합니다.

"술은 나쁘잖아요?"

제가 다시 자세히 설명을 해줍니다.

"그런데 남편이 술을 먹는 것을 어떡합니까? 남편이 술을 못 먹게 할 수 없는 것이 당신의 현실이잖아요. 그리고 남편과 헤어질 수도 없다고 하잖아요. 그렇다면 여기서 유일한 탈출구는 남편이 술을 먹어도 좋다고 생각을 바꾸는 겁니다. 그렇게 생각을 바꾸는 것이 잘못된 것도 아니에요. 남편의 입장에서는 매일 스트레스를 받기 때문에 술이라도 먹어야 하루하루를 살아갈 수 있는 거예요. 당신 남편에게는 술이 알코올이 아니라 약이에요. 그러니 '우리 남편에게 있어서 술은 약입니다'라고 기도를 하세요."

그렇게 생각을 바꾸면 어떻게 될까요? 이분의 가정은 점점 평화로워집니다. 왜냐하면 남편이 술을 먹고 와도 아내가 짜증을 내지 않고 '아! 내가 약을 줘야 하는데 자기가 알아서 먹고 오니까 너무 감사하다' 이렇게 생각을 하게 되기 때문입니다. 남편이 밖에서 먹고 오지 않으면 약이니까 부인이 직접 차려줘야 합니다. 그래서 가정이 평화로워지고 남편은 점점 술을 적게 먹게 됩니다.

붓다의 가르침에서 살펴보면 이것이 바로 정해진 것이 없는 '무아'를 말하는 것입니다. 지금 우리에게 필요한 것은 교리를 지식적으로 배우는 것이 아니고 일상적인 삶 속에서 부처님의 가르침을 경험하고 체험해서 삶의 고뇌로부터 자유로워지는 것입니다. 여기서 어떤 종교를 갖고 있느냐는 아무 관계가 없습니다. 고뇌로부터 자유로워지려면 '담마(Dharma, 법法)'를 공부해야 합니다.

남편이 술을 먹든, 아이가 공부를 못하든, 내가 암에 걸렸든 그 사실을 직시하면 우리는 그 속에서도 자유롭게 살아갈 수 있습니다. 변화가 필요하면 변화를 도모해야지 괴로워하고만 있는 것은 인생을 낭비하는 것입니다.

이렇게 해서 자신이 괴로움으로부터 자유로워지면 이제는 이 좋은 법法을 다른 사람에게 전해야 합니다. 내가 이 약을 먹고 나은 경험이 있기 때문에 괴로워하는 사람을 만났을 때 '이렇게 하면 낫습니다' 하고 적극적으로 말할 수가 있습니다.

지금까지의 내 삶이 남으로부터 도움을 얻으려는 입장이었다면, 이제는 남에게 도움을 주는 사람이 되어야 합니다. 이 세상에 사람으로 태어나서 남에게 구걸하면서 살 이유가 없습니다. 조금이라도 남을 돕기 위해 재물을 기부하고, 재능을 기부하고, 봉사를 하는 것이 좋습니다. 자기 삶이 괴로워서 아우성치던 사람도 이렇게 변화할 수 있습니다.

사람과 자연의 관계도 마찬가지입니다. 기술개발과 산업발달 과정에서 사람은 자연을 통제하고 착취하면서 살아왔습니다. 그것이 발전이라고 여기며 인간만이 우월하다고 오만하게 살아왔습니다.

이러한 것이 기후변화 또는 생태위기의 징후들로 우리 삶을 위협하고 있습니다. 이러한 것에 대한 참회와 실천이 필요합니다. 정토회에서는 쓰레기를 남기지 않는 삶을 살기 위한 여러 가지 실천을 하고 있습니다. 일회용품을 쓰지 않고, 손수건이나 물컵을 가지고 다닙니다. 날씨가 추워져도 난방을 적게 틀고 내복을 입는 등 구체적으로 실천합니다.

이렇게 수행을 통해 삶이 바뀌면 배가 고프거나 병든 사람들을 돕는 일을 할 수가 있습니다. 보통 사람이었다면 로힝야 난민들이 어떻게 살고 있는지, 북한 사람들이 굶어 죽는지 관심도 없었을 겁니다. 그러나 수행하는 사람은 한반도의 평화에도 관심을 가지게 됩니다.

이렇게 사회정의, 환경정의를 위한 행동은 이제 소수의 전유물이 아닙니다. 일반인들도 실천할 수 있습니다. 이렇게 붓다의 가르침(法)을 너무 특별하게 만들지 말고, 우리 삶 속에서 살아 움직이도록 하는 것이 필요합니다. 괴로움 속에 살던 사람들이 괴로움에서 벗어나게 되면 남을 돕고 싶다며 기부를 하고, 봉사 활동을 합니다. 조금 더 시간이 지나면 세상에 대한 올바른 이해를 하게 됩니다.

생명의 강

인간과 자연의 조화로운 삶은 인간과 자연이 대등한 관계를 말하는 것이 아니라 인간은 자연의 일부라는 것을 아는 것에서 출발해야 합니다. 자연과 함께 하는 삶이 우리 자신을 위한 것이라는 깨달음이 필요합니다. 그 깨달음은 나와 너, 나와 자연이 연결된 하나라는 것을 자각하는 것입니다. 남을 위한 삶이 자기를 위한 삶이라는 것을 자각하는 것이 바로 연기의 깨달음입니다.

남을 이롭게 하는 것이 곧 나를 이롭게 하는 것이고, 고통받는 이웃을 구제하는 것이 성불(自由)의 지름길임을 깨달은 사람, 우리는 그를 가리켜 보살菩薩(Bodhisattva)이라고 합니다. 보살은 남을 위해서가 아니라 바로 자기 자신을 위해서 실천하고 봉사합니다. 자신의 자유로운 삶과 행복(解脫)을 위한 깨달음인 것입니다. 이러한 조화로운 삶이 공동체의 삶이고, 보살 정신입니다. 더 나아가 뭇 생명을 살리는 생태적 삶을 사는 것입니다.

이 물을 마시고
이 음식을 먹고
이 옷을 입고
부지런히
수행 정진하여
괴로움이 없는 사람
자유로운 사람이 되어
일체 중생의 은혜에
보답하겠습니다.

수행 공동체 정토회

개인은 행복하고,
사회는 평화로우며,
자연은 아름다운 세상,
정토회가 꿈꾸는 세상입니다.

◆— 정토회는 개인의 삶을 변화시키는 수행을 기초로 해서 빈
곤, 갈등, 환경 파괴 등 현대 사회 전반에 걸친 고통을 해
결하기 위해 설립된 수행 공동체입니다.

◆— 정토회는 붓다의 가르침을 토대로 생태환경운동, 기아·질
병·문맹 퇴치운동, 평화·인권·통일운동을 하고 있습니다.

◆— 정토회는 전 지구적인 관점에서 오늘의 문제를 바라보고
스스로 문제 해결의 주인으로 나설 수 있도록 공동체를
만들어왔습니다.

◆— 정토회는 코로나 팬데믹 이후 모든 활동을 온라인으로 전
환하면서 전 세계 회원들이 자신의 지역을 중심으로 활동
하고 있습니다.

수행자의 행동 — 활동가의 수행

◆ 이 세상의 모든 것은 연관된 하나임을 깨달아 함께 살고
  함께 행복해지는 길을 추구합니다.

◆ 일과 수행의 아름다운 조화를 이룹니다. 자기를 변화시키
  는 수행의 힘으로 사회 변화를 이루고자 합니다. 정토행자
  는 바로 이 땅에 '맑은 마음, 좋은 벗, 깨끗한 땅'을 실현하
  기 위해 날마다 참회하고 서원을 세우며 정진합니다.

◆ 무보수 자원활동가들이 행동합니다. 나를 위한 일을 하고
  누군가에게 대가를 바라지 않습니다. 정토를 만드는 일은
  모두 나의 일이기 때문에 어떤 대가도 바라지 않고 흔쾌
  히 마음껏 일합니다.

◆ 만일결사로 정토 세상을 이루어 갑니다. 정토회는 지난
  1993년 3월, 정토 세상을 이루기 위하여 만일결사를 시작
  했습니다. 2022년 1차 만일결사를 회향하고, 2023년에 다
  시 제2차 만일결사를 시작합니다.

◆ 자기를 돌아보는 수행의 힘으로 사회를 바꾸려는 사람은
  누구나 정토행자가 될 수 있습니다. 스스로 문제 해결의
  주인으로 나서서 수행하고, 봉사하고, 보시함으로써 세상
  을 바꾸는 정토행자 운동입니다.

대표전화	02) 587-8990
인터넷 정토회	www.jungto.org
사단법인 한국제이티에스	www.jts.or.kr
사단법인 에코붓다	www.ecobuddha.org
사단법인 좋은벗들	www.gf.or.kr
재단법인 평화재단	www.pf.or.kr
정토출판	book.jungto.org
행복학교	www.hihappyschool.com
Jungto International	www.jungtosociety.org

facebook.com/ven.pomnyun

youtube.com/jungtosociety

instagram.com/ven.pomnyun

삶이 조금씩 달라지는 책은
인간 사회의 여러 현상과 문제에 대해
붓다의 가르침으로 해법을 제시합니다.
삶이 조금씩 달라지는 책은
다양한 주제로 계속 출간됩니다.
여러분의 후원을 기다립니다.